Der Autor: Herbert Lemmer

Herbert Lemmer wurde 1928 geboren und lebt in der Region Hannover.

Da er als Opa selbst erfahren hat, wie es ist, plötzlich allein in der Küche zu stehen, kam ihm die Idee zu diesem kleinen „Erste-Hilfe"- Büchlein für Küchenneulinge. Natürlich sind nicht nur Ältere aller Geschlechter angesprochen, sondern auch Singles oder andere Interessierte.
Er hat alle Rezepte selbst ausprobiert und hatte als Hobbykoch bereits im Fernsehen einen Auftritt.

Herbert Lemmer

Auch Opas können noch „Küche" lernen

Rezepte und mehr

Bibliografische Information der Deutschen Nationalbibliothek:
Die Deutsche Nationalbibliothek verzeichnet diese Publikation in der Deut-
schen Nationalbibliografie; detaillierte bibliografische Daten sind im Inter-
net über http://dnb.dnb.de abrufbar.

Erstausgabe Januar 2019

Herstellung und Verlag:
BoD – Books on Demand, Norderstedt
ISBN: 978-3-7481-9264-0

Auch Opas können noch Küche lernen
Inhaltsverzeichnis

Vorwort

Ein Mann war plötzlich allein, die jahrzehntelange Zweisamkeit war zu Ende. Geblieben waren ihm nur die Erinnerungen an die gemeinsame Zeit. Aber etwas war dazu gekommen: Eine Menge Aufgaben, die ihn vorher nur am Rande berührt hatten. Denn Haushalt und Küche usw. waren ja früher keine „Männersache". Und das „bisschen Haushalt" würde er schon schaffen.

Doch ein Problem rückte ihm auf den Leib, genauer auf den knurrenden Magen: Der Wunsch auf eine warme Mahlzeit. Natürlich könnte er Essen gehen oder „Essen auf Rädern" kommen lassen. Allerdings ginge das nicht dauernd oder zu jeder Mahlzeit. Es kostete Zeit und Geld, außerdem schmeckte es nicht immer. Auch Fertiggerichte waren nicht die richtige Lösung.

Er wusste, dass in der Küche die Speisen zubereitet werden. Gelegentlich hatte er ein wenig geholfen mit kleinen Handreichungen, aber echt interessiert hatte ihn nur das fertige Essen. Doch wie sollte er das nun selber schaffen?

Die wichtigsten Küchengeräte kannte er und wusste sogar, wo sie zu finden waren. Irgendwo gab es ein Kochbuch. Aber das war ihm zu kompliziert, abgesehen von einzelnen Grundrezepten. Außerdem waren die Zutaten in der Regel für vier Personen berechnet, und er wollte doch nur für eine Person kochen. Ein Freund hatte ihm gesagt: „Da musst Du durch! Selbst ist der Mann! (Nach dem früheren Heimwerkerspruch)". Leicht gesagt, aber wie?

Aus eigener Erfahrung kenne ich diese Situation. Ich bin kein Berufskoch und auch kein Hobbykoch. Aber ich habe das Glück, dass ich mehr oder weniger freiwillig früh „Küche" gelernt habe und zu der Erkenntnis kam, dass es auch für einen Mann wichtig ist, in Haushalt und Küche einigermaßen Bescheid zu wissen. Wie oft kann es passieren, dass die Frau aus irgendeinem Grund ausfällt, sei es wegen Krankheit oder Abwesenheit aus anderem Grund.

Wie beruhigend ist es dann für sie zu wissen: „Die Familie kann sich selbst einigermaßen versorgen".

Aufgrund meiner Erfahrungen möchte ich mit den folgenden Rezepten und Hinweisen helfen, den Weg zur „Eigenversorgung" zu finden.

Die wichtigsten Voraussetzungen sind:

- der **Wille** es zu schaffen
- der **Mut** etwas zu probieren und zu experimentieren
- die **Ausdauer** und **Geduld** weiter zu machen, auch wenn es mal nicht so klappt wie es im Rezept steht oder nicht so schmeckt wie gedacht

Beginnen wir in kleinen Schritten:
<u>Wir wollen nicht Kochen sondern „Küche" lernen.</u>

Es geht darum, dass „Mann" sich selbst beköstigen kann. Er muss also nicht gleich ein fachgerechtes Galadiner zubereiten, sondern zuerst kleine, einfache und schnelle Mahlzeiten. Die bieten schnellere Ergebnisse und bekämpfen nicht nur den Hunger, sondern stärken auch das Selbstvertrauen. Wenn man allein ist, hat man auch nicht immer Appetit auf größere Mahlzeiten, die mehr Aufwand erfordern. Dazu kommt, dass wir Angehörige der „reiferen Jugend" auch aus Gesundheitsgründen nicht so große Portionen benötigen. Die Zutaten habe ich bewusst auf die Nahrungsmittel und Gewürze beschränkt, die in kleinen Mengen zu erhalten sind oder sich einige Zeit lagern lassen. Das Gleiche gilt für die Gewürze.

Zu den Grundrezepten gebe ich -soweit nötig- sachliche Hinweise. Die Mengenangaben beziehen sich in der Regel auf den Bedarf für eine Person.

Sinnvoll ist es die benötigten Küchengeräte und die Zutaten **vor dem Kochen** bereitzustellen.

Ach, und noch etwas:
Zum „Küche lernen" gehört auch das Aufräumen nach dem Essen!!!
Die Küche soll doch nicht aussehen wie in Filmen gezeigte Junggesellenküchen!!!

Und nun an´s Werk!!!
Es wird schon schief gehen!!!
Vielleicht macht es ja sogar irgendwann Spaß!

A Der schnelle Imbiss mit Brot

Rezept 1
Eine warme Mahlzeit

Notwendige Küchengeräte:
Bratpfanne, Pfannenwender, Messer und Gabel, Tasse

Zutaten:
- 2 Scheiben Brot
- Etwa 10 bis 20 g Butter
- Etwa 50 g Mett, Wurst oder Bauchspeck, oder was man evtl. an Fleischresten hat
- 1 Ei
- Salz und Pfeffer nach Geschmack (abhängig von dem Würzgrad der Beilage)

Erst wenn alles bereitsteht, beginnen wir mit der

Zubereitung:
Das Brot in Würfel schneiden.
Das Mett in kleine Flöckchen teilen bzw. Wurst oder Bauchspeck ebenfalls in kleine Würfel schneiden.
Die Butter bereitstellen.
Die Pfanne anheizen (nicht zu heiß werden lassen!).
Die Butter hinein geben und erhitzen bis sie zerläuft.
Dann das Mett (oder die Wurst oder Bauchspeck usw.) hinzufügen und bei mäßiger Hitze unter Wenden anbraten.
Wenn das Mett zu bräunen beginnt, die Brotwürfel in die Pfanne geben und unter Wenden gut mit dem Mett vermischen.
ACHTUNG! Das Ganze nicht zu braun werden lassen!!!
Nun das Ei in die Tasse schlagen, prüfen ob es in Ordnung ist und mit einer Gabel durchrühren.

Das Ei über den Pfanneninhalt gießen und mit dem Pfannenwender untermischen.

Sobald das Ei gründlich mit durchgebraten ist, kann serviert werden.

Würzen sollte man je nach Geschmack erst auf dem Teller.

Na, war doch gar nicht so schwer!
Und nun Guten Appetit!

Eine kleine Randnotiz zum Rezept

Bei diesem o.a. Rezept muss ich immer an meine Zeit als Marinehelfer in den letzten Monaten des zweiten Weltkrieges denken. Meine Kameraden und ich waren damals in einer Flak-Batterie in der Nähe von Emden eingesetzt. Untergebracht waren wir wie üblich in einer Baracke mit etwa zwanzig Helfern in einer Stube. Unsere Kaltverpflegung pro Tag betrug für jeden ungefähr 50 g Wurst, etwa 20 g Margarine, pro Stube ein Gefäß mit Marmelade und für acht Mann ein Brot. Das waren für den Einzelnen nur etwa drei Schnitten. Eines Abends war mir dieses Einerlei zu langweilig. Ich schnitt Brot und Wurst in Würfel und tat sie zusammen mit dem Fett in meinen „Picknapf".

Das war ein schüsselähnliches Universal-Speisegefäß aus Leichtmetall für alle Mahlzeiten, wie Suppe, festes Mittagessen und Empfang der Kaltverpflegungsrationen in der Batterie. Er gehörte wie Essbesteck und Trinkbecher zur persönlichen Ausstattung. Außerdem hatten wir noch das „Kochgeschirr mit Deckel", das zur Marschausrüstung gehörte. Auch dieses war vielseitig verwendbar.

Den Picknapf stellte ich auf unseren gut geheizten, gusseisernen Ofen und rührte die Mischung mit Gabel und Löffel um, bis sich ein köstlicher Duft aus brutzelndem Fett, sich bräunendem Brot und langsam anbratender Rotwurst verbreitete. Ich musste nur aufpassen, dass der Napf nicht vom Ofen rutschte und ich mir beim Halten nicht die Finger verbrannte. Geschmeckt hat es wunderbar, auch wenn ich Verluste hatte, durch die Abgabe von Kostproben an die Kameraden. Von da an wurde die Reihenfolge für die Ofenbenutzung jeweils festgelegt, denn es passte immer nur ein Picknapf darauf. Da es um diese Winterzeit knackig kalt war und wir nicht frieren wollten, organisierten wir jedoch immer genug Heizmaterial. So war zumindest abends der Ofen stets gut heiß.

In dieser Zeit probierten wir auch ein heißes Mixgetränk aus Milch, Süßstoff (Saccharin) und Rum. Das wärmte gut durch. Die Milch hatten wir von einem Bauern in der Nähe der Batterie, Süßstoff hatte irgendeiner noch von zu Haus, und den Rum (für jeden eine kleine Menge) hatten wir als Sonderzuteilung bekommen.

Man sieht, wir waren sehr erfinderisch und experimentierfreudig. Und das ist auch für Opas Küche kein Nachteil.

Das war die Geburtsstunde für dieses Rezept.

Rezept 2
Ein flottes Frühstück

Notwendige Küchengeräte:
Bratpfanne, Pfannenwender, Messer und Gabel, 2 Teller, Tasse

Zutaten:
- Eine Scheibe Brot (je nach Appetit auch zwei)
- Butter
- 1 Ei
- 1-3 Scheiben Räucherspeck, je nach Geschmack
- Salz und Pfeffer nach Geschmack (abhängig von dem Würzgrad der Beilage)

Zubereitung:
Das Brot auf einer Seite mit Butter bestreichen.

Das Ei vorsichtig in eine Tasse schlagen, damit das Eigelb nicht zerstört wird.

Die Pfanne anheizen etwas Butter hineintun.

Sobald die Butter geschmolzen ist und leicht schäumt, die Brotscheibe mit der bestrichenen Seite nach oben hineinlegen. Wenn die Butter oben auf der Scheibe zu schmelzen beginnt, ist es Zeit zum Wenden des Brotes.

Das in der Pfanne fertig getoastete Brot auf einen Teller legen und mit zweitem Teller abdecken, damit es warm gehalten wird. Nun wieder etwas Butter oder, wenn man es möchte, ein paar Scheibchen Räucherspeck in die Pfanne tun.

Warten bis die Butter zerlaufen ist und leicht schäumt, oder der Speck glasig wird. Dann das Ei aus der Tasse vorsichtig in die Pfanne geben und braten bis das Eiweiß weiß wird, aber das Gelb noch weich ist.

Das fertige Ei dann aus der Pfanne elegant auf das getoastete Brot gleiten lassen, würzen und dann *„Guten Appetit!"*

TIPP 1:
Sollte das Ei das Aufschlagen oder das Platzieren in die Pfanne nicht heil überstanden haben, macht man daraus **Rührei.** Dafür das zerlaufene Ei einfach mit dem Pfannenwender umrühren.
Nach dem Braten wird es auf dem Brot angerichtet und schmeckt ebenfalls sehr gut. (Siehe dazu „Aufzählung der wichtigen Voraussetzungen" im Vorwort.)

TIPP 2:
Wenn man auf das getoastete Brot eine Scheibe Schinken (oder Schinkenwürfel) legt und dann das Spiegelei darauf platziert nennt sich das Ganze übrigens **„Strammer Max".**

Eine kleine Randnotiz zum Rezept

Dieses Gericht bereitete ich gerne zu, wenn ich aus beruflichen Gründen so früh aus dem Haus musste, dass ich wegen des Frühstücks meine Frau und die Kinder nicht wachmachen wollte. Zubereitung und Essen konnte ich so nebenbei erledigen. Das Frühstück schmeckte mir, hielt vor und für die Familie blieb der „herrliche" Bratdunst in der Küche zum Schnuppern über.

B Einfache Gerichte mit Kartoffeln

Rezept 3
Pellkartoffeln mit Beilage

Notwendige Küchengeräte:
Kochtopf, Schälmesser, kleine Schüssel für den Quark, Teller für das Mett

Zutaten:
- Etwa 1 Kg Kartoffeln (für 2 Tage), möglichst gleich große, fest- oder vorwiegend festkochende
- 1 l Wasser
- 2 gestrichene Teelöffel Salz
- 1 Teelöffel Kümmel, (wer ihn nicht mag, lässt ihn weg - verzichtet aber dann auf einen würzigeren Geschmack)
- Als Beilage entweder 125 g Quark oder 150 g frisches Thüringer Mett oder Butter
- Gewürze (s.u.)

Zubereitung:
Die Kartoffeln in kaltem Wasser gründlich säubern, ggf. mit einer sauberen Bürste, die nur für diesen Zweck verwendet wird, schlechte Stellen, Keime, etc. ausschneiden.

Dann werden die Kartoffeln mit Wasser, Salz und Kümmel im Topf zum Kochen gebracht und gar gekocht. Gar sind sie sobald die Haut zu platzen beginnt. Kochdauer etwa 30-35 Minuten.

Das Wasser wird abgegossen, die Kartoffeln bleiben im Topf und können unter gelegentlichem Schütteln auf einem Untersetzer abdampfen.

Während die Kartoffeln kochen wird die **Beilage** zubereitet:

VERSCHIEDENE BEILAGEN

A Gewürzter Quark

Der **Quark** wird mit etwas **Milch** oder **Kondensmilch** verrührt, damit er geschmeidiger wird, mit **Salz** und **Kümmel** abgeschmeckt und in einer kleinen Schale angerichtet.

Man kann natürlich statt Kümmel auch andere Gewürze nehmen, z.B. fein gehackte **Petersilie** oder **Schnittlauch** oder etwas anderes, z.B. fein geraspelte oder **fein gehackte Salatgurke mit Dill**, Salz und einer Prise Zucker abgeschmeckt.

B Frisches Thüringer Mett

Das frische **Schweinemett** vom Schlachter sollte am selben Tag verarbeitet werden, damit sich keine Krankheitserreger bilden können. Abgepacktes Mett eignet sich nur zum Braten.

Je nach Lust und Laune kann es mit klein gehackter **Zwiebel** ergänzt werden. Sollte etwas übrig bleiben, sollte es am selben Tag verbraucht oder gebraten werden, um es haltbarer zu machen.

C Gesalzene Butter

Entweder einfach etwas **Butter** mit etwas **Salz** bestreuen und auf ein Stückchen **Kartoffel** geben. Oder gesalzene Butter einkaufen und ebenso verfahren.

Aber vor dem Genuss müssen die **Kartoffeln** noch gepellt werden. Das ist eine „heiße" Sache. Damit die Finger nicht zu sehr brennen, ist die Benutzung einer Gabel sehr hilfreich. Es gibt auch spezielle drei-zinkige Gabeln dafür. Zunächst wird nur die für die Mahlzeit benötigte Menge gepellt.

Der Rest bleibt im Topf. Sie werden später von der Schale befreit, Zwar lassen sich kalte Pellkartoffeln schlechter pellen, doch wenn sie erst zwei bis drei Tage später verarbeitet werden sollen, halten sie sich mit Schale besser. In einem Kühlschrankbehälter, z.B.

aus Glas können sie ohne Deckel auskühlen und werden dann verschlossen für die nächste Mahlzeit (möglichst am nächsten oder übernächsten Tag) im Kühlschrank aufbewahrt.
Die Zubereitung der Pellkartoffeln ist einfach, dauert durch die Kochzeit und das Pellen allerdings länger als die Pfannengerichte mit Brot. Aber der Geschmack dieses Gerichtes entschädigt für den größeren Zeitaufwand.
Die Pellkartoffeln kann man als Beilage in der Regel anstelle von Salzkartoffeln auch in den nachfolgenden Rezepten verwenden und umgekehrt ebenso.

TIPP:
Falls ein Schnellkochtopf in der Küche ist, werden die Kartoffeln in sehr viel kürzerer Zeit gar. Hier ist die Bedienungsanleitung des Herstellers zu beachten. Ich möchte nicht auf dieses Gerät verzichten.

Was fangen wir nun später mit den **restlichen Pellkartoffeln** an? Das klären die folgenden Rezepte.

Rezept 4
Bratkartoffeln mit Spiegelei

Notwendige Küchengeräte:
2 Bratpfannen (1 größere und 1 kleine), Pfannenwender,
1 Tasse

Zutaten:
- Die gekochten Pellkartoffeln (oder Salzkartoffeln)
- Fett zum Braten (Butter, Öl oder Speck etc.)
- Kleingehackte Zwiebeln, nur wer mag
- Gewürze nach Wunsch (erst auf dem Teller würzen)
- Als Beilage: 1 frisches Ei und etwas Butter
- Und ggf. dazu Gewürzgurke

Zubereitung:
Die Kartoffeln in Scheiben schneiden, die Pfanne anheizen, das Bratfett hineingeben und erhitzen. Falls gewünscht, die Kartoffeln und die Zwiebeln hinzufügen. Man kann die Zwiebeln auch zuerst im Fett etwas glasig andünsten und danach die Kartoffeln hineintun. Allerdings besteht dann die Gefahr, dass die Zwiebeln beim Braten zu schnell braun und bitter werden. Das Ganze unter regelmäßigem Wenden braten, bis die Kartoffeln anfangen leicht braun und knusprig zu werden.
Zwischendurch das Ei vorsichtig in die Tasse schlagen, die kleine Pfanne anheizen, die Butter erhitzen und das Ei – möglichst heil – hineingeben (siehe Rezept 2) und braten bis das Eiweiß fest wird.
Nun beide Pfannen vom Feuer nehmen und servieren.

ACHTUNG! Das Ei zuletzt elegant neben die Kartoffeln auf den Teller gleiten lassen. Na bitte, geht doch immer besser. Und wenn nicht: siehe **Rezept 2**.

Die Zubereitungszeit ist natürlich kürzer, da das Kochen der Kartoffeln wegfällt. Somit haben wir nicht nur Reste verwertet sondern auch ein schnelles Essen.

Rezept 5
Bratkartoffeln mit verschiedenen Beilagen

Notwendige Küchengeräte:
Bratpfanne, Pfannenwender

Zutaten:
- **wie Rezept 4**

Als Beilage statt Ei bieten sich an:

- Sülzen verschiedener Art, z.B. Sülzkotelett, Schüsselsülze Schinkensülze etc.
- Brathering, sauer eingelegt
- Hering in Gelee
- Fleischsalat oder andere frische Salate usw.

Der Phantasie sind hier keine Grenzen gesetzt – Hauptsache es schmeckt

Zubereitung:
Die Bratkartoffeln werden wie in Rezept 4 zubereitet und die Beilagen auf dem Teller hinzugefügt.
Bratkartoffeln sind immer eine schnelle Lösung. Und wie man sieht, kann man damit die verschiedensten Kurzgerichte zaubern.

Mit den Pellkartoffeln vom Vortag lässt sich jedoch noch mehr anfangen. Wie wäre es zum Beispiel mit **Rezept 6**?

Rezept 6
Muskat-Kartoffeln
(eine Art Bechamelkartoffeln)

Notwendige Küchengeräte:
Mittlerer Kochtopf, Holzrührlöffel, Schneebesen, Probierlöffel

Zutaten:
- Gekochte Pellkartoffeln (oder Salzkartoffeln) vom Vortag
- 20 g Butter
- 2 gehäufte Teelöffel Mehl,
- ¼ l Flüssigkeit (Milch und Wasser zu gleichen Teilen),
- Gewürze: Salz, eine Prise Zucker, geriebene Muskatnuss, etwas weißen Pfeffer

Als Beilage: z.B.: Wiener Würstchen, Bratklops oder Spiegelei

Zubereitung:
Die Kartoffeln werden in Scheiben geschnitten und zunächst bei Seite gestellt.

Jetzt wird es etwas komplizierter, weil wir eine **helle Grundsoße** (auch Mehlschwitze genannt) zubereiten müssen. Der Topf wird etwas vorgewärmt. Dann kommt die Butter hinein und wird bei schwacher Hitze mit dem Löffel gerührt bis sie zerlaufen ist und leichte Blasen zeigt.

Nun wird das Mehl darüber gestreut und mit der Butter gut verrührt bis die Masse sich langsam zu bräunen beginnt.

Das ist der Zeitpunkt zum „Ablöschen". Die Flüssigkeit wird unter ständigem Rühren nach und nach zugefügt und gerührt bis die Masse frei von Klümpchen ist. Ist zu viel Flüssigkeit auf einmal in den Topf gekommen, nimmt man den Schneebesen zum Umrühren um Klümpchen zu beseitigen.

Bei stärkerer Hitze wird die Soße kurz zum Kochen gebracht.

Dann wird die Wärmezufuhr reduziert und es beginnt das Abschmecken mit den o.a. Gewürzen. Die Soße muss kräftig gewürzt werden, weil die Kartoffeln später die Gewürze mildern.

Erst wenn richtig abgeschmeckt ist, die Kartoffeln zugeben und vorsichtig unterrühren, damit sie nicht zermatscht werden.

Schließlich wird alles noch einmal erhitzt. Zwischendurch muss man wieder abschmecken und evtl. nachwürzen.

Nun können die Muskatkartoffeln bei kleinster Wärme durchziehen, bis die gewählte Beilage fertig ist.

VERSCHIEDENE BEILAGEN:

Das Wasser für die **Würstchen** sollte man zwischendurch heiß werden lassen, es aber nicht kochen. Die Würstchen erst einlegen, nachdem die Kartoffeln in die Soße gekommen sind.

Den **Bratklops** bereitet man am Besten vorher oder zwischendurch vor (würzen und formen) und beginnt erst mit dem Braten, während die Muskatkartoffeln durchziehen. (siehe auch Abschnitt „Kurzes aus der Pfanne" – Rezepte 19 ff.)

Das **Spiegelei** brät man auch erst während die Kartoffeln noch durchziehen, kurz vor dem Anrichten.

So, das war etwas kompliziert, aber nur durch die Herstellung der „Mehlschwitze". Doch diese helle Grundsoße ist eine der häufigsten Soßen als Grundlage für alle möglichen anderen Gerichte.

Wem diese Soße Probleme macht, der kann es auch einfacher haben:

Die Flüssigkeit wird zum Kochen gebracht. Inzwischen rührt man in einem kleinen Becher das Mehl mit etwas Wasser zu einer breiigen Masse ohne Klümpchen an (aus altem Kochbuch:„...ein Mehlteiglein bereiten...) und gießt diese dann unter Rühren in die kochende Flüssigkeit, lässt es aufkochen und hat ebenfalls eine helle Grundsoße.

Es gibt natürlich auch Fertigsoßen in allen möglichen Variationen, doch in den oben genannten Rezepten sind keine Zusatzstoffe.

HINWEIS:
Muskatsoße habe ich gewählt, weil sie gut schmeckt, gut bekömmlich ist und die ursprüngliche Form der Bechamelsoße darstellt. Vielfach gebräuchlicher ist die Bechamelsoße mit Zwiebeln und anderen Zutaten, aber sie ist schwieriger herzustellen und liegt evtl. etwas schwerer im Magen.

Aus der Mischung von Kartoffeln mit heller Grundsoße kann man je nach Gewürzen und Geschmack viele wohlschmeckende Gerichte zubereiten, zum Beispiel **Rezept 7**.

Rezept 7
Petersilienkartoffeln

Notwendige Küchengeräte:
wie in **Rezept 6** jedoch zusätzlich 1 Wiegemesser o.ä. zum Petersilie hacken

Zutaten:
- Gekochte Pellkartoffeln vom Vortag
- 20 g Butter
- 2 gehäufte Teelöffel Mehl
- ¼ l Flüssigkeit (Milch und Wasser zu gleichen Teilen),
- Gewürze: Salz, eine Prise Zucker und ein Bund frische Petersilie

Beilagen sind bei diesem schmackhaften Gericht nicht unbedingt erforderlich, allerdings ist ein Brühwürstchen o.ä. dazu nicht verkehrt.

Zubereitung:
Es ist sinnvoll zuerst die **gewaschene Petersilie** trocken zu tupfen, zu hacken und bereit zu stellen. Dann geht es weiter wie unter **Rezept 6** beschrieben bis zur Herstellung der hellen Grundsoße **vor** dem Abschmecken. Sie wird nur mit Salz, einer Prise Zucker und einem kleinen Teil der gehackten Petersilie abgeschmeckt. Nun können die Kartoffeln hinzugefügt werden. Zuletzt wird die restliche Petersilie vorsichtig untergerührt. Vor dem Anrichten lässt man die Petersilienkartoffeln noch eine kurze Zeit durchziehen, damit sich der würzige Petersiliengeschmack richtig verteilen kann.

Selbstverständlich kann man für die obigen Rezepte auch frischgekochte **Pellkartoffeln** verwenden. Allerdings dauert die Zubereitung dann insgesamt länger.

Rezept 8
Salzkartoffeln

Notwendige Küchengeräte:
Kochtopf, Schälmesser, Gefäß für die geschälten Kartoffeln

Zutaten:
- 1 kg Kartoffeln (für zwei Tage)
- Wasser
- 1 gestrichenen Teelöffel Salz

Zubereitung:
Die Kartoffeln werden gewaschen, geschält und von evtl. „Augen" oder anderen schlechten Stellen befreit und in Wasser gelegt. Größere Kartoffeln werden durchgeschnitten, damit alle Stücke etwa gleich groß sind und gleichmäßig garen. Dann werden die Kartoffeln nochmals gewaschen und in den Kochtopf gelegt.

Der Topf wird mit Wasser gefüllt, so dass die Kartoffeln gerade bedeckt sind, das Salz wird eingestreut und das Ganze zum Kochen gebracht.

Sobald die Kartoffeln weich sind (kurz anpicken) wird das Wasser abgegossen. Die Kartoffeln werden leicht geschüttelt, damit sie abdampfen. Und schon haben wir die Standartbeilage zu vielen Gerichten.

Sie können so vielseitig verwendet werden wie die Pellkartoffeln (siehe **Rezepte 3 bis 7**). Aber darüber hinaus gibt es noch mehr Möglichkeiten.

Rezept 9
Salzkartoffeln mit Mettsoße

Notwendige Küchengeräte:
Kochtopf, Pfanne, Rührlöffel, Teller für Mett, kleines Sieb

Zutaten:
- 1 kg Kartoffeln (für zwei Mahlzeiten)
- Wasser
- 1 gestrichenen Teelöffel Salz

Für die Soße:
- Etwa 100 g Schweinemett (Schinkenmett oder Thüringer Mett)
- 20 g Butter oder 2 Esslöffel Öl
- 2 gehäufter Teelöffel Mehl
- Etwa ¼ Liter Wasser zum Ablöschen
- Gewürze: Salz, Pfeffer, Kümmel oder kleingehackte Zwiebel , je nach Geschmack und eine Prise Zucker

Zubereitung:
Die Kartoffeln kochen wie in **Rezept 8** beschrieben.

Während die Kartoffeln kochen, das Mett mit Gabel oder Löffel auf einem Teller in kleine Bröckchen teilen und beiseite stellen.
Die Pfanne anheizen, die Butter darin zerlassen bis sie geschmolzen ist (oder das Öl heiß genug ist), dann das Mett dazu geben und unter Umrühren anbräunen bis es keine rohen Stellen mehr zeigt.
Jetzt ist es Zeit die Zwiebeln zuzufügen und kurz glasig werden zu lassen.
Nun wird das Mehl -möglichst gesiebt- über den Pfanneninhalt gestreut, ggf. der Kümmel zugefügt und untergerührt.

Unter weiterem Rühren wird dann das Ganze nach und nach mit dem Wasser abgelöscht bis wir eine sämige Masse haben (siehe auch **Rezept 6**).

Vor dem endgültigen Abschmecken zunächst den Geschmack der Soße prüfen und dann erst mit Salz und Pfeffer und einer Prise Zucker nachwürzen.

Als Beigabe passt eine Gewürzgurke gut zu dieser einfachen Soße. Wer es aufwendiger möchte, kann natürlich auch einen frischen Salat dazu machen.

Eine kleine Randnotiz zum Rezept

Bei diesem Gericht muss ich oft zurückdenken an die Zeit, in der wir als junges Ehepaar unseren Haushalt gründeten und uns endlich günstig einen modernen „Mini-Elektroherd" anschaffen konnten. Das gute Stück maß 40cm x 40cm x 35cm hatte zwei Kochplatten und eine Backröhre. In der warmen Jahreszeit brauchten wir dann zum Kochen einer Mahlzeit nicht extra den Herd zu heizen. Wir waren dankbar für diese Verbesserung und freuten uns immer, wenn wir bei knapper Mittagszeit und knappem Geld uns das obige Gericht einmal leisten konnten. Ich sehe jetzt noch die braune, emaillierte Pfanne vor mir mit dieser köstlichen Soße, die wir auch später -zum Leidwesen unserer Kinder, die den Kümmel nicht so mochten- hin und wieder zubereiteten.

Rezept 10
Kartoffelbrei

Notwendige Küchengeräte:

Kochtopf (ohne Antihaftbeschichtung, damit die Beschichtung beim Stampfen nicht beschädigt wird), Rührlöffel, Gerät zum Zerkleinern der Kartoffeln (Kartoffelstampfer oder -presse), kleine Pfanne, kleinen Topf für die Flüssigkeit, Schneebesen

Zutaten:

- 1 kg frischgekochte Salzkartoffeln (möglichst mehlig-kochende Sorte)
- 1/8 l **warme** Flüssigkeit (Milch, Milch-Wasser-Gemisch, Wasser oder Kochwasser von den Kartoffeln)
- Etwa 20 g Butter
- Gewürze: Salz, eine Prise Zucker, Muskatnuss (gemahlen)
- Als Zugabe auf den fertigen Brei: etwa 30 g Butter

Zubereitung:

Während die Kartoffeln kochen, die Flüssigkeit -am besten Milcherwärmen (nicht kochen).

Die frischgekochten Kartoffeln abgießen.

Statt der Milch kann man auch etwas von dem Kartoffelwasser in einen kleinen Topf füllen.

Die Kartoffeln bleiben im Topf. Damit der Brei nicht zu sehr abkühlt, ist es sinnvoll den Topf während des Stampfens bei kleiner Hitze auf der Brennstelle zu lassen.

Die Kartoffeln nun mit dem Stampfer (oder der Presse) grob zerkleinern. Keinesfalls sollte dafür der Stabmixer benutzt werden, da aus den Kartoffeln dann eine zähe Paste wird.

Die Masse rühren bzw. stampfen und dabei langsam und vorsichtig (!) die Flüssigkeit nach und nach zufügen bis der Brei die richtige Konsistenz hat. Damit er nicht zu flüssig wird, muss man mit dem Nachgießen jeweils warten bis die Kartoffeln die Flüssigkeit aufgenommen haben.

Nun ist es Zeit, den Brei zu würzen, etwas Butter zum Brei zu geben, abschmecken nicht vergessen, und das Ganze am besten mit dem Schneebesen leicht schaumig zu rühren.

Das klingt sehr kompliziert, ist es aber nicht. Und wenn man das ein paarmal gemacht hat, bekommt man sogar Spaß daran, weil es jedes Mal besser wird ... und schmeckt.

Vor dem Servieren die Butter in der Pfanne schmelzen und sie dann auf dem Teller über den Brei gießen. Zweckmäßig ist dafür eine Vertiefung in der Mitte der Portion.

TIPP:
Man kann der geschmolzene Butter zur Verfeinerung noch Semmelbrösel oder Paniermehl beifügen, diese etwas darin anrösten und mit etwas Salz würzen.

VERSCHIEDENE BEILAGEN:
Eigentlich schmeckt der gut gewürzte Kartoffelbrei schon ohne weitere Beilagen, aber ein **frischer Salat** ist eine gute Ergänzung.

Kartoffelbrei ist an Stelle von Salzkartoffeln auch eine wunderbare Beilage **zu gebratener Leber, kurzgebratenem Bauchfleisch, Steak, Mettklops, Bratwurst oder vegetarischen Bratlingen** (siehe auch Abschnitt „ Kurzes aus der Pfanne")

Das Kapitel **„Kartoffelgerichte"** wäre nicht vollständig ohne die Zubereitungsart der gebackenen Kartoffeln, mit der sich ohne großen Aufwand herrliche Speisen zaubern lassen, wenn ein **Backofen** vorhanden ist und man bereit ist, damit zu arbeiten. Keine Angst es ist gar nicht schwer. Übrigens lassen sich übrig gebliebene Kartoffelscheiben in der Regel im Kühlschrank gut für den nächsten Tag aufheben, ebenso andere Kartoffelgerichte.

Rezept 11
Gebackene Kartoffelscheiben – einfach

Allgemein benötigte Geräte für Kartoffeln im Backofen:
Backblech, Küchenmesser, Bürste zum Kartoffelreinigen, Pfannenwender oder Spatel

Zutaten:
- Etwa 500 g Kartoffeln (möglichst gleich große, flache)
- Öl, (Speck, Schmalz o.a.) zum Einfetten des Backblechs und der Scheiben
- Gewürze: Salz, Kümmelkörner (oder anderes -je nach Geschmack)

Zubereitung:
Zunächst müssen die Kartoffeln gewaschen und gründlich (ggf. mit der Bürste) gereinigt werden, damit man die Schalen mitessen kann. Ebenso sind unschöne Flecke oder Augen herauszuschneiden. Und wer die Schale überhaupt nicht mag, kann die Kartoffeln ganz schälen. Allerdings schmecken sie mit der Schale gebacken besser.

Dann werden sie der Länge nach (flache Seite) halbiert. Das ergibt dann schöne flache Hälften. Wenn die Kartoffeln zu dick sind kann man sie zweimal teilen. Je gleichmäßiger die Scheiben in der Höhe sind umso gleichmäßiger garen sie durch.

Nun ist es Zeit das Backblech vorzubereiten. Das Blech wird gut gefettet und mit etwas Salz bestreut.

Die Scheiben werden mit der Schnittfläche nach unten mit etwas Abstand auf das Blech gelegt, mit etwas Öl eingepinselt und mit Salz und ggf. Kümmel bestreut.

Das war schon die ganze Arbeit.

Das Blech wird in die vorgeheizte Backröhre (mittlere Einschub-leiste) geschoben und bei mittlerer Hitze gebacken, bis die „Scheiben" gar sind und sich gut vom Blech lösen lassen.

Man kann nach etwa 30 - 35 Min. schon einmal probieren (ein-stechen und vorsichtig anheben). Sie sind gar, wenn die Unter-seite goldbraun ist, die Schale leicht wellig wird und sie sich gut vom Blech lösen lassen.

BEILAGEN:

Während der Backzeit kann man die Beilagen zubereiten, soweit sie nicht schon vorbereitet sind. Die Liste der möglichen Beilagen ist sehr vielseitig und reicht von deftig (Harzer Kartoffelscheiben + Mett) bis leicht (verschiedene Quarkzubereitungen), je nach Belieben und Anlass, denn diese Zubereitung eignet sich auch vorzüglich für ein Essen in Gesellschaft.

Hier nun Beispiele mit **Quarkzubereitungen** als Beilage.

Pro Person rechnet man etwa 125 g frischen Quark, der dann mit den u.a. Zutaten veredelt wird:

Rezept 11 a
Kümmelquark

Den **Quark** mit etwas **Milch** cremig rühren und mit **Salz** und **Küm-mel** abschmecken.

Rezept 11 b
Quark mit Salatgurke

Den Quark mit **geraspelter Salatgurke** (Gurke vorher schälen) vermengen. Mit **Salz**, frischem, gehaktem **Dill** oder getrockneten Dillspitzen, **Pfeffer** und einer kleinen Prise Zucker abschmecken. Die Mischung erinnert leicht an Tsatsiki ohne Knoblauch. Wer möchte, kann damit noch würzen.

Rezept 11 c
Petersilien- oder Kräuterquark

Den **Quark** mit etwas **Milch** cremig rühren und mit fein gehackter **Petersilie** oder Kräutern der Saison vermischen und mit wenig **Salz** abschmecken.

Und nun eine deftige Beilage mit Mett nach Hausschlachter Art:

Rezept 11 d
Harzer Kartoffelscheiben, original

Das Backblech wird nicht mit Öl sondern mit **Speck** eingefettet. Günstig eignet sich die Speckschwarte, die beim Schneiden der Speckwürfel abfällt.
Es wird ebenfalls mit **Salz** bestreut bevor die Kartoffelscheiben aufgelegt werden. Über die Kartoffelscheiben werden kleine Speckwürfel (etwa 1 cm), Kümmelkörner und etwas Salz gestreut.

BEILAGEN:
Pro Person rechnet man etwa **200 g frisches Schinkenmett** oder Thüringer Mett, das je nach Würzgrad mit **Salz, Pfeffer, klein geschnittener Zwiebel** und **fein gehacktem Knoblauch** durchgemengt und abgeschmeckt wird.

TIPP:
Es ist gut den fein gehackten Knoblauch etwa 1 Stunde vorher in etwas Weinbrand/Korn ziehen zu lassen und diese Mischung zu dem Mett zu geben.
Dieses Rezept ist echt deftig und am besten für kalte Winterabende geeignet, sollte aber nicht vor Tanzveranstaltungen oder ähnlichen Anlässen mit engem Kontakt genossen werden.

Rezept 12
Ofenkartoffel

Zutaten:

Große Kartoffeln, Alufolie

Das ist die Kartoffel, die in vielen Gaststätten zum Steak usw. angeboten wird. Man benötigt dafür eine große, möglichst mehlig oder vorwiegend fest kochende Sorte.

Sie werden genauso gründlich gesäubert wie die Kartoffeln für die Kartoffelscheiben, werden abgetrocknet, in Alufolie eingehüllt und in der Backröhre bei mittlerer Hitze gebacken.

Die Backzeit ist wegen der Folie und der Dicke der Kartoffeln länger als bei Kartoffelscheiben, die ja offen auf dem Blech liegen. Hier gilt „Probieren geht über Studieren".

Ofenkartoffeln eignen sich auch gut **als Beilage** zum Grillabend. Sie können dann auch auf dem Grill in einer nicht zu heißen Zone gegart werden. Für eine Person lohnt sich in der Regel der Aufwand nicht.

Damit ist das Kapitel **Kartoffelgerichte** zunächst abgeschlossen, da es ja nur um die Grundlagen geht. Natürlich gibt es noch verschiedene andere Zubereitungsarte. Aber aus eigener Erfahrung weiß ich, dass der Aufwand in der Regel in keinem Verhältnis zum Erfolg steht.

So ist es z.B. einfacher **Pommes frites** als **tiefgekühlte, vorfrittierte Ware** zu kaufen, als mühsam Kartoffelstifte herzustellen und diese dann zu frittieren, egal ob in der Pfanne oder in der Fritteuse. Und für eine Person lohnt sich der Aufwand häufig nicht.

C Nudelgerichte

Nudeln sind spätestens seit dem Beginn der Reiselust in mediterrane Gegenden wieder beliebter geworden. Ich sage „wieder" beliebter, weil vor Einführung der Kartoffeln als Volksnahrungsmittel, Speisen aus heimischen Getreiden die wesentlichen Grundlagen der Mahlzeiten bildeten.

Gerade für den Einpersonenhaushalt sind Nudeln als einfache, schnelle Gerichte sehr gut geeignet. Gegenüber den Kartoffeln haben Nudeln einen Vorteil: sie müssen nicht geschält oder gepellt werden und ihre Lagerung ist einfacher, platzsparender und sie können beim Lagern keine Keime austreiben. Man kauft sie je nach Verwendungszweck in verschiedenen Größen und Formen, und sie sind mit wenig Aufwand in schmackhafte Gerichte zu verwandeln. Die empfohlenen Nudelsorten gebe ich jeweils im Rezept an.

Allerdings ist es sinnvoll, ebenso wie bei Kartoffeln, gleich eine **doppelte Portionsmenge** zu kochen. Der **Rest** kommt nach dem Abkühlen (!) in einem gut schließenden Behälter in den **Kühlschrank** oder wird im **Tiefkühlschrank eingefroren**. Eingefrorene Nudeln werden zum Auftauen einfach mit heißem Wasser übergossen und einen Moment stehen gelassen. Schon lassen sie sich zum Kochen weiter verwenden.

Bei den nachfolgenden Rezepten geht es wieder um einfache und schnelle Gerichte, denn für sich allein möchte man ja möglichst rasch und ohne großen Aufwand zum Ergebnis kommen.

Allgemein benötigte Geräte für Nudelgerichte:

Genügend großer Kochtopf, Kochlöffel, Sieb oder Durchschlag, Nudellöffel o.ä., Messer, Reibe für Käse - für die Soßenzubereitung Pfanne oder Kasserolle, Bratenwender und Schneebesen.

Rezept 13
Nudeln mit Schinken

Zutaten: (für eine Person und zwei Mahlzeiten)

- Etwa 125 g Nudeln: kleine, gabelgerechte Sorte, z.B. Gabelspagetti, gebrochene Makkaroni, u.a.
- Wasser: **Faustregel: für je 100 g Nudeln = 1 Liter Wasser**, für dieses Rezept 1,25 Liter
- 1 Teelöffel Salz
- Etwa 100 g Schinken (Kochschinken, Bauchspeck oder herzhaften Knochenschinken)
- Etwa 20 g Butter
- Etwa 25 g Parmesan oder anderen Reibekäse nach Geschmack

Zubereitung:

Das Wasser mit dem Salz zum Kochen bringen und in das sprudelnd kochende Wasser unter Umrühren langsam die Nudeln schütten.

Warten bis das Wasser wieder kocht, die Wärme nach unten regulieren und die Nudeln je nach Art 6-8 Minuten (Packungsbeilage beachten!) darin sieden lassen.

In der Zwischenzeit den Schinken in kleine Würfel oder Streifen schneiden.

Gegen Ende der Garzeit probieren, wie weich die Nudeln sind. Sie sollen noch bissfest („al dente") sein und nicht zu weich werden. (*bissfest* sind sie in der Regel, wenn sich die probierte Nudel mit der Gabel auf dem Teller teilen aber nicht zerquetschen lässt.) Den richtigen Garzeitpunkt lernt man im Lauf der Zeit kennen. – Sind sie zu weich geworden, ist das kein Beinbruch, wir haben ja keinen Restaurantstern zu verlieren- und das Kauen ist einfacher.

Die fertigen Nudeln werden zum Abtropfen in den Durchschlag/das Sieb geschüttet, aber nicht kalt abgespült.
Die Butter wird im Topf bei kleiner Hitze geschmolzen.
Von den abgetropften Nudeln werden nur so viele in den Topf gefüllt, wie man essen möchte. Sie werden in der zerlassenen Butter mit dem Kochlöffel geschwenkt, mit den Schinkenwürfeln vermengt und ggf. noch einmal kurz erhitzt.
Nun kann serviert werden. Auf dem Teller kann man notfalls etwas nachwürzen und dann von dem Reibekäse darüber streuen.

TIPP:
Statt Reibekäse, wie z.B. Parmesankäse kann man auch fein geschnittenen und gehackten Schnittkäse nehmen.

BEILAGEN:
Zu dieser schnellen Mahlzeit passt ein schöner frischer **Salat** der Saison. Das Gericht schmeckt aber auch ohne Beilage sehr gut.

TIPP ZUR RESTEVERWERTUNG:
Man kann aus den Restnudeln und Suppenbrühwürfeln oder einem Suppenpäckchen ohne große Mühe eine Nudelsuppe herstellen. Dabei einfach die Packungsaufschrift beachten und die fertigen Nudeln hineingeben.

Rezept 14
Nudeln mit Hackfleischsoße

Zutaten:
- 125 g Nudeln - für zwei Mahlzeiten (gabelgerechte Größe in Soße aufnehmenden Formen z.B. Spirelli, Hörnchen u.a.)
- 1,25 Liter Wasser
- 1 Teelöffel Salz

Für die Soße:
- 100 g Rindergehacktes oder Schabemett
- 20 g Butter oder 2 Esslöffel Öl
- 2 gehäufte Teelöffel Mehl
- Gewürze: Salz, Pfeffer und je nach Geschmack etwas fein-gehackte Zwiebel (etwa 1 Esslöffel) und evtl. Knoblauch (1/2 Zehe) und wenn gewünscht etwas Tomatenmark oder Ketchup
- ¼ Liter Wasser

Zubereitung:
Die Nudeln werden nach Vorschrift gekocht (siehe Rezept 12).

Zwischendurch kann man die Soße zubereiten. Zunächst wird das Mett mit Gabel oder Löffel in kleine Bröckchen geteilt, Zwiebeln und ggf. Knoblauch werden feingehackt und bereitgestellt.
Die Butter wird in der Pfanne erhitzt bis sie geschmolzen ist (oder das Öl heiß genug ist), dann werden die Mettbröckchen eingefüllt und unter häufigem Wenden angebräunt. Nun ist es Zeit die Zwiebeln hinzu zu fügen und unter Wenden zu warten bis sie leicht glasig sind. Die Zwiebeln dürfen nicht von Anfang an mit in die Pfanne, weil sie sonst leicht anbrennen und bitter werden.

Über Fleisch und Zwiebeln wird jetzt das Mehl gestreut und alles noch einmal mit dem Pfannenwender durchgerührt.

Dann kommt der spannende Moment: Das Ablöschen

Unter Rühren (zweckmäßig mit einem Schneebesen) wird jetzt nach und nach in kleinen Mengen Wasser zugegossen und gerührt bis die Masse frei von Klümpchen ist. Erst dann wieder Wasser zugeben bis die Flüssigkeit voll eingearbeitet ist und zur sämigen Soße wurde.

Na, erinnert das nicht an die helle Grundsoße im Rezept 6?

Nach dem Abschmecken mit den übrigen Gewürzen unter Rühren das Ganze noch einmal kurz aufkochen lassen.
Und fertig ist eine schmackhafte Beilage zu den Nudeln.
Es kann serviert werden. Natürlich kommen nur so viel Nudeln auf den Teller, wie man essen möchte. Die übrigen Nudeln werden für die nächste Mahlzeit aufbewahrt (siehe **Rezept 12**).

Rezept 15
Nudeln mit Zucker und Zimt

Zutaten:

- 125 g Nudeln (gabelgerechte Formen, aber auch breite Bandnudeln sind möglich)
- oder stattdessen gekochte Nudeln vom Vortag
- 1,25 Liter Wasser
- 1 Teelöffel Salz
- 20 g Butter (oder etwas mehr)
- 1 Esslöffel Zucker (nach Geschmack auch mehr)
- Zimt nach Geschmack

Zubereitung:

Die Nudeln werden nach Vorschrift gekocht (siehe Rezept 12) und dann in einen Durchschlag oder ein Sieb zum Abtropfen geschüttet.
Restnudeln vom Vortag rechtzeitig aus dem Kühlschrank nehmen, dass sie Zimmertemperatur bekommen.
Eingefrorene Nudeln nach dem Auftauen ebenfalls auf Zimmertemperatur anwärmen.

Die Butter lässt man in einem Topf schmelzen, füllt die gewünschte Menge Nudeln dazu und schwenkt sie mit dem Kochlöffel in der Butter bei mäßiger Wärmezufuhr bis sie mundgerecht erhitzt und fertig zum Servieren sind.

Vorsicht! Nicht zu sehr erhitzen, damit die Butter nicht „anbrennt" und bitter wird.

Auf dem Teller würzt man die Nudeln mit Zucker und Zimt nach Geschmack.

Variationen:

Die Nudeln werden in der zerlassenen Butter nicht nur geschwenkt, sondern gebraten bis sie schön kross sind. Das ergibt eine interessante Geschmacksverbesserung (Vorsicht! Nicht zu braun werden lassen, da sonst Bitterstoffe frei werden).

Das war doch wohl nicht schwer! Und dieses Gericht ist leicht herzustellen, es ist gut bekömmlich und schmeckt auch ohne irgendwelche Beilagen, besonders in der heißen Jahreszeit.

Wer darauf aber nicht verzichten möchte, kann dies Nudelgericht ergänzen mit

- einem frischen grünen Salat, der nur mit Zucker, Zitronensaft und Dill mariniert wird oder
- einem frischen Obstkompott, z.B. geschmorten Zwetschgen, Kirschen, Birnen, Heidelbeeren oder anderen Früchten oder mit eingekochten Früchten aus dem Glas oder der Dose

Es gibt natürlich noch weitere Möglichkeiten. Also ausprobieren.

HINWEIS:

Ich habe mich auf diese wenigen Gerichte beschränkt, weil sie leicht und ohne großen Aufwand herzustellen sind und man aus diesen Grundgerichten mit etwas Mut und Fantasie weitere Variationen entwickeln kann.

Wer einmal die Nudelzubereitung probiert hat und auf den Geschmack gekommen ist, wird es wieder versuchen und dabei neue Variationsmöglichkeiten finden. Man muss deshalb nicht auf den Besuch in einem Restaurant verzichten. Aber macht es nicht auch Spaß selbst etwas hergestellt zu haben?

D   Reisgerichte

Reis ist für sehr viele Völker das Hauptnahrungsmittel und wird in unendlich viel Variationen zubereitet. Für die „Opa-Küche" ist er deshalb wunderbar geeignet. Reis ist leicht und platzsparend zu lagern, kann wie Nudeln keine Keime austreiben, muss nicht geschält werden wie Kartoffeln. Viele Reisgerichte sind in der Regel schnell und einfach herzustellen.

Bei den nachfolgenden Rezepten habe ich mich auf solche Gerichte beschränkt, die ohne großen Aufwand und Materialeinsatz (Anzahl der Zutaten) leicht nach zu kochen sind.

Vorher jedoch noch einige Hinweise zu den Reissorten. Man unterscheidet **Langkornreis** (für die meisten Gerichte) und **Rundkornreis** (für Milchreis u.a.). Der Langkornreis bleibt nach dem Garen locker und körnig, beim Rundkornreis haften die einzelnen Körner eher aneinander, z.B. bei Milchreis, Reisbrei und anderen Zubereitungen.

Die Rezepte auf den Packungen enthalten entsprechende Tipps. Daneben gibt es natürlich noch verschiedene andere Sorten und Untergruppen von Getreiden und Getreideerzeugnissen, die zu erwähnen aber zu weit führen würde. Außerdem habe ich in diesem Rahmen nur die einfachen Zubereitungsarten aufgeführt für die schnelle Mahlzeit eines Singles.

Rezept 16
Reis, einfach (Grundrezept)

Notwendige Küchengeräte:
Kochtopf, Kochlöffel, Gefäß für Restmenge

Zutaten:

- 125 g Langkornreis, lose (für zwei Portionen)
- 0,5 Liter Wasser (Faustregel: 1 Tasse Reis bis 2 Tassen Wasser)
- ½ Teelöffel Salz
- 1 Teelöffel Butter

Zubereitung:

Das Wasser wird mit dem Salz zum Kochen gebracht. In das sprudelnd kochende Wasser wird der Reis eingeschüttet, nur kurz umgerührt damit der Reis sich verteilt, und dann das Ganze wieder zum Kochen gebracht.

Danach lässt man - ohne zu rühren - den Reis bei kleiner Flamme weiter köcheln bis der Reis gut aufgequollen ist.

ACHTUNG! Der Deckel darf während des Aufkochens nicht auf den Topf, sonst kann der Reis überkochen, und das Wasser kann nicht verdunsten.

Danach soll der Reis bei geringer Wärmezufuhr langsam quellen. Die Kochzeit ist abhängig von der verwendeten Reissorte und auf der Packung vermerkt. Der Reis ist fertig, wenn er gut gequollen aber *noch körnig* ist und das Wasser aufgenommen hat. Mit etwas Übung erkennt man den Zeitpunkt und verhindert das Zusammenkleben durch zu langes Kochen.

HINWEIS:

Wem dieses Verfahren zu umständlich ist, der kann den in Portionskochbeuteln abgepackten Reis verwenden. Hierbei wird der Kochbeutel einfach in die angegebene Menge kochendes Wasser gehängt und nach Packungsanweisung geköchelt. Am Schluss wird der Beutel herausgenommen und in ein Gefäß entleert.

Wer einen Schnellkochtopf besitzt, kann auch damit unter Beachtung der Herstellerhinweise einen wunderbaren, körnigen Reis herstellen. Auf dieses Gerät möchte ich nicht verzichten.

Rezept 16 a
Reis mit Brühe

Zutaten:

- Wie bei Rezept 16 anstelle des Wassers verwendet man Brühe oder gibt einen Brühwürfel in das kochende Wasser.
- die Salzmenge sollte man bei Verwendung eines Brühwürfels gut reduzieren, weil dieser schon kräftig gewürzt ist. Das gleiche gilt auch bei kräftig gewürzter Brühe.

Zubereitung:
wie unter **Rezept 16** beschrieben.

HINWEIS:

Reis mit salziger Brühe empfiehlt sich nur als Beilage für herzhafte Gerichte, jedoch nicht, wenn der Reis mit süßlichen Beigaben kombiniert werden soll, z.B. mit Obst oder zarten Gemüsen wie jungen Möhren oder Zuckererbsen.

Natürlich kann man dieses Grundrezept durch entsprechende Gewürze noch weiter abwandeln, wie es in der Gastronomie üblich ist. Ich denke da an **Curry-Reis** und andere Variationen. Doch das würde den Rahmen dieser Tipps sprengen, denn wir wollen ja erst einmal nur „Küche" lernen. Später kann man sich ja weiterbilden, wenn das Kochen plötzlich Spaß macht.

Rezept 17
Reissuppe, einfach

Zutaten:

- 125 g Langkornreis
- Etwa 1 Liter Brühe
- 1 Möhre und, wenn vorhanden, andere Suppengemüse (Sellerie, Blumenkohl, evtl. Liebstöckel, junge Erbsen u.a.) nach Geschmack. Hierfür ist auch portionierbares Tiefkühlgemüse geeignet
- Salz nach Bedarf

Zubereitung:

Grundsätzlich wie in Rezept 16. Die Möhre und ggf. anderen Suppengemüse werden geputzt, abgespült und klein geschnitten (Tiefkühlgemüse unaufgetaut verwenden). Zusammen mit dem Reis in die kochende Brühe geben, kurz aufkochen und etwa 10 - 20 Minuten köcheln lassen bis der Reis genug gequollen und das Suppengemüse gar ist.

Nun kann abgeschmeckt werden, aber Vorsicht die Suppe ist heiß. Und dann „Guten Appetit"!

Tipp zur Resteverwertung:

Für diese Suppe kann man sehr gut den nicht verbrauchten Reis aus Rezept 16 nehmen. Allerdings benötigt man dann nicht mehr so viel Brühe (etwa die Hälfte). Da der alte Reis schon gequollen ist, müssen zuerst Möhre und ggf. Suppenkräuter in der Brühe gegart werden, dann fügt man den Reis dazu und lässt alles noch einmal aufkochen und durchwärmen. Zum Abschmecken gehört auch die Prüfung, ob man genug Flüssigkeit hat oder ggf. noch nachgießen muss. Danach wird die Suppe noch einmal kurz aufgekocht.

Rezept 18
Milchreis, einfach, mit Zucker und Zimt

Notwendige Küchengeräte:
Kochtopf, Kochlöffel. Kl. Pfännchen und ggf. Gefäß für den Rest

Zutaten:
- 125 g Milchreis (Rundkornreis)
- 1 Liter Milch
- 1 Esslöffel Zucker
- eine Prise Salz
- etwa 15-20 g Butter (muss nicht sein, wenn man fettarm essen möchte)
- und zum Bestreuen - Zucker und Zimt nach Bedarf

Zubereitung:
Der Reis wird zusammen mit Zucker, Salz und ¾ der Milch zum Kochen gebracht. Dabei muss man öfter umrühren damit sich Milch und Reis nicht am Boden ansetzen und „anbrennen" können.

Rühren sollte man mit „Gefühl" um aus dem Gemisch nicht ein „Reismus" zu machen. Die Körner sollen nur quellen und erhalten bleiben. Nach und nach füllt man bei kleiner Wärmezufuhr die restliche Milch hinzu bis der Reis die Flüssigkeit aufgenommen hat und gut gequollen ist.

Dann lässt man den Reis noch einige Zeit zugedeckt stehen zum Nachquellen.

Währenddessen lässt man die Butter bei kleiner Hitze in dem Pfännchen schmelzen.

Beim Servieren wird der Milchreis in der Mitte mit einer kleinen Vertiefung versehen hier hinein etwas von der flüssigen Butter gefüllt und dann das Ganze mit Zimt und Zucker bestreut. Wer möchte kann Zimt und Zucker vorher vermischen.

Milchreis ist kein schnelles Gericht für eine hastige Mahlzeit, weil der Reis etwa 25 bis 30 Minuten Zeit zum Quellen benötigt und man immer dabei bleiben muss. Aber der Zeitaufwand lohnt sich, zumal ja die Vorbereitung kaum Zeit erfordert.

Eine kleine Randnotiz zum Rezept

Früher wurde der Milchreis kurz aufgekocht und kam dann in die „Kochkiste" oder gut verpackt für mehrere Stunden ins Bett. Daher leitete sich auch der alte Satz ab: „Das kommt erst einmal in die Kochkiste!" Er wurde gebraucht, wenn z.B. im Chor oder beim Tanzen etwas Neues geprobt wurde und sich dieses im Gehirn festsetzen sollte, bevor es an weiteres Bearbeiten ging.
Die Kochkiste war früher ein echtes Küchengerät und bestand aus einer stabilen Holzkiste mit Deckel, die innen dick ausgepolstert und damit isoliert war. Sie wurde für Gerichte benutzt, die nachgaren oder länger warmbleiben sollten.

Mit diesen Grundrezepten zum Thema „Reis" soll es erst einmal genug sein. Denn wir wollen ja „Küche lernen" und nicht berufsmäßiges Kochen. Außer Reis gibt es noch andere Getreidesorten und deren Zubereitungen, z.B. Hirse, Dinkel, Bulgur, Couscous usw. Darauf einzugehen würde den Rahmen dieser Anregungen überschreiten.

E Kurzes aus der Pfanne

Für den „Opa-Haushalt" ist die Bratpfanne fast das wichtigste Gerät, weil sie vielseitig zu verwenden ist und die Zubereitung in der Regel nicht zu lange dauert. Die nachfolgenden Gerichte sind darauf abgestellt. Allerdings muss man einige Punkte beachten, die für das Kurzbraten gelten, egal aus welchem Material die Pfanne ist:

*Beim Anheizen die Pfanne nicht überhitzen! Sie soll nur gut heiß werden und das Bratfett (Öl, Butter, Butterschmalz o.ä.) auf Brattemperatur bringen.
*Öl ist heiß genug, wenn sich beim Eintauchen eines Holzlöffelstiels oder einer Ecke des Bratgutes Blasen bilden. Sobald das Öl anfängt zu qualmen, ist es zu heiß geworden und muss aus der Pfanne, da sonst das Bratgut ankohlt. Beim Braten mit Öl muss das Bratgut trocken sein, weil das heiße Öl sonst leicht spritzt.
*Butterschmalz ist heiß genug, sobald es gut zerlaufen ist. Der Buttergeschmack bleibt erhalten. Sonst gilt in Etwa das Gleiche wie beim Öl.
*Butter soll nur schmelzen. Sie bildet aber zu in Öl gebratenem Bratgut zum Ende noch einen kleinen Geschmacksverbesserer.

Die Auswahl des Bratfettes hängt vom Bratgut und der notwendigen Brattemperatur ab. Soweit erforderlich gebe ich bei den Rezepten das günstigste Fett/Öl an, da diese ja auch den Geschmack beeinflussen können.
Für antihaftbeschichtete Pfannen darf man in der Regel keine Metallwender o.ä. benutzen um die Schicht nicht zu verletzen.
Beim Braten mit Öl ist es sinnvoll einen Spritzschutz (Deckel, Sieb o.ä.) bereit zu halten.
Genug der Vorreden, gehen wir ans Werk - von einfach bis etwas schwieriger!

Fleischige Kleinigkeiten

Allgemeines:

Die Mengenangaben beziehen sich immer auf eine Portion. Bei kleineren Fleischstücken lohnt es sich oft, gleich eine größere Menge für mehrere Portionen zu braten. Der Aufwand ist der gleiche und Bratfett und Energie werden besser ausgenutzt. Überschüssige Portionen kann man gut für spätere Verwendung aufheben (im Kühlschrank oder tiefgefroren). Bei den einzelnen Gerichten werde ich noch darauf hinweisen.

Fertig Gebratenes sollte möglichst schnell aus der Pfanne genommen und angerichtet oder zur Aufbewahrung beiseite gestellt werden. Wenn es zu lange in der Pfanne bleibt, kann es nachgaren und trocken werden.

Rezept 19
Bratwurst, einfach

Notwendige Küchengeräte:
Bratpfanne, Bratenwender oder Grillzange, Gabel

Zutaten:
- Bratwurst: Die Anzahl der Bratwürste ist vom Appetit abhängig. Man kann sie auch nach dem Braten weiterverwenden, z.b. kalt auf Brot zu essen, sie einfrieren oder klein geschnitten für ein anderes Gericht verwenden.
- Bratfett (für frische lose Bratwurst am besten Öl, für vorgebrühte aus der Packung kann es Butter sein, da hier die Brattemperatur ja nicht so hoch sein muss.)
- Gewürz nach Belieben (Senf, Ketchup, Gewürzgurke o.a.)

Zubereitung:
Die Wurst kurz abspülen, mit Küchenpapier trocken tupfen und bereitstellen.

Die Pfanne anheizen, Bratfett hinein tun und heiß werden lassen (ACHTUNG! Nicht zu heiß!).

Dann die Wurst in die Pfanne legen. Frische Bratwurst sollte man vorher einige Male anstechen, damit sie beim Braten nicht platzt. Die Wärmezufuhr etwas drosseln.

Sobald eine Seite braun wird (etwa 2 Minuten.), ist es jeweils Zeit die Wurst weiter zu drehen. Zum Wurstbraten sollte man sich zwar Zeit lassen, aber nur bis sie rundum gut gebräunt ist (frische Bratwurst häufig nur von zwei Seiten, weil sie sich meist krümmt und nicht rund gedreht werden kann). Zu lange gebratene Wurst platzt, trocknet aus und wird leicht verkohlt. Wer grillt, kennt den Zeitpunkt.

Rezept 20
Bratklops, einfach
(hier lohnt sich eine größere Menge)

Notwendige Küchengeräte:
Bratpfanne, Bratenwender oder Grillzange, Gabel

Zutaten:
- Pro Portion etwa 70 bis 90 g frisches Schweinemett, Thüringer, Schinkenmett o.ä.
- 1 Teelöffel Paniermehl oder geriebene trockene Semmel, (nicht zwingend)
- 1 Teelöffel kleingehackte Zwiebel
- Salz und Pfeffer soweit erforderlich zum Nachwürzen des Metts,
- Wer es mag, kann noch etwas Knoblauch (fein gehackt oder als Trockengranulat) hinzufügen. Aber Vorsicht! Der Knoblauch würzt sehr kräftig und anhaltend
- Zum Braten eignen sich Öl oder Butter
- Zum Panieren -wenn gewünscht- zusätzlich Panier- oder Semmelmehl

Zubereitung:
Das frische Mett sollte man am selben Tag verarbeiten. Zunächst prüft man den Würzgrad und würzt, wenn nötig, nach und knetet mit einer Gabel oder den Händen alles gut durch.
Dabei wird auch das Paniermehl mit eingearbeitet und gut verteilt.
Aus der Masse formt man dann handliche Klopse, knetet sie nochmals etwas und drückt sie flach.
Die fertigen Klopse wälzen wir dann im Paniermehl und stellen sie auf einem Teller beiseite.

Die Pfanne wird angeheizt, das Bratfett erhitzt, und die Klopse einzeln hinein gelegt.

Die Wärmezufuhr müssen wir jetzt drosseln. Nach etwa 2 bis 3 Minuten wenden wir sie und braten die andere Seite ebenfalls etwa 2 bis 3 Minuten an. Dann drosseln wir die Wärmezufuhr und lassen sie unter gelegentlichem Wenden nachgaren.

Wichtig ist, sie nicht in zu kurzen Abständen zu wenden, weil sonst die Bratwärme nicht wirken kann und sie leichter zerfallen könnten.

HINWEIS:
Die Klopse schmecken gut zu Kartoffelgerichten (Rezepte 3, 5, 7, 10).

Rezept 21
Schabemett-Buletten

Notwendige Küchengeräte:
Bratpfanne, Bratenwender oder Grillzange, Gabel

Zutaten:
Pro Portion etwa 80 - 100 g Schabemett

- Bratfett (Öl oder Butter),
- Zum Würzen **nach** dem Braten : Salz, Steakpfeffer oder Pfeffer aus der Mühle und als Beigabe ggf. Gewürzgurke o. ä.

Zubereitung:
Grundsätzlich wie in Rezept 20 a:
Buletten flach formen, Pfanne anheizen, Fett auf Brattemperatur bringen. Buletten einlegen und von beiden Seiten kurz etwa je 2 Minuten anbraten bis sie gut gebräunt sind.
Fertig!
Diese Schabemett-Buletten nicht durchgaren, weil sie sonst eintrocknen und fest werden. Frisch und locker sind sie am besten. Ich würze sie grundsätzlich nach dem Braten, damit der Fleischgeschmack nicht durch die Gewürze übertönt wird.

HINWEIS:
Sie schmecken gut zu Brot und Brötchen, aber auch zu Kartoffelgerichten (s.o.), Reis und Nudeln.

Rezept 22
Nackensteaks vom Schwein

Notwendige Küchengeräte:
Bratpfanne, Bratenwender oder Grillzange, Gabel

Zutaten:
- 1 Scheibe Nackensteak (etwa 150 - 200 g je Portion)
- Bratfett
- Zum Würzen **nach dem Braten**: Salz, Pfeffer (aus der Mühle), Kräuterbutter, Ketchup oder andere Spezialitäten nach Geschmack und abhängig von den übrigen Beilagen des Gerichts

Zubereitung:
Das Fleischstück in der Pfanne braten. Gegebenenfalls einen unerwünschten Fettrand abschneiden. Dann kurz kalt abspülen, mit Küchenpapier trockentupfen und beiseite stellen.
Nun geht´s wie in **Rezept 20** beschrieben weiter:
Bratpfanne anheizen, Bratfett erhitzen, das Nackensteak einlegen und von beiden Seiten kurz scharf anbraten, Wärmezufuhr drosseln und von jeder Seite noch einmal etwa 2-3 Min. bräunen. Auch hier gilt: Nicht zulange braten, damit das Fleisch saftig bleibt und nicht zu trocken und zäh wird. Durch Würzen nach dem Braten bleibt der Fleischgeschmack besser erhalten. Außerdem kann Pfeffer beim scharfen Anbraten bitter werden und dadurch den Geschmack verderben.

HINWEIS:
Die Steaks schmecken als Beilage gut zu Kartoffelgerichten (s.o.), aber auch einfach zu Brot und Brötchen. Das überschüssige Bratfett kann beim Servieren über die Beilage, z.B. Kartoffelbrei, Gemüse gegossen werden. Kalt eignet es sich auch als Brotbelag.

Rezept 23
Bauchfleischscheiben

Notwendige Küchengeräte:
Bratpfanne, Bratenwender oder Grillzange, Gabel

Zutaten:
- 1 - 2 Scheiben Bauchfleisch, etwa 100-150 g
- Bratfett (wenig Öl)
- Gewürze nach dem Braten wie in **Rezept 21**

Zubereitung:
Grundsätzlich wie in **Rezept 21**: Fleischscheiben abspülen, trocken tupfen, Pfanne anheizen, Öl erhitzen, Bauchfleisch einlegen und von beiden Seiten gut je etwa 2 kurz anbraten.
Das Fleisch soll außen gut knusprig braun werden aber nicht zu dunkel, weil sonst die Kruste ankohlt und bitter schmeckt. Es ist wie beim Grillen auf dem Rost.

HINWEIS:
Hat man eine größere Menge gebraten, kann man die restlichen Steaks in einem Behälter 2 bis 3 Tage für die weitere Verwendung im Kühlschrank aufbewahren oder sie sofort im Gefrierbeutel einfrieren.

Rezept 24
Leberscheiben

Notwendige Küchengeräte:
2 Bratpfannen (klein und mittelgroß) , Bratenwender oder Grillzange, Gabel, Teller für Mehl

Zutaten:
- Etwa 150 bis 200 g Rinder- oder Schweineleber pro Portion
- Bratfett (Öl oder Butter)
- 1 gehäuften Esslöffel Mehl
- Zum Würzen Salz und Pfeffer, und wer es mag als Beilage
- 1 Apfel oder/und
- 1 kl. Zwiebel

Zubereitung:
Soweit nicht beim Fleischer schon geschehen, die Leber in nicht zu dünne Scheiben schneiden. Dicke Adern im Fleisch, evtl. Sehnen und Haut (bei Schweineleber) entfernen. Die Leber gut abspülen, trocken tupfen und anschließend von allen Seiten im Mehl wälzen und beiseite stellen.

Apfel schälen, Kerngehäuse entfernen und in Spalten oder Scheiben schneiden und beiseite stellen.

Zwiebel schälen, in dünne Scheiben schneiden und beiseite stellen.

Nun wie üblich die Pfanne anheizen, das Bratfett erhitzen und die Leberscheiben von beiden Seiten kurz je etwa 2 Minuten anbraten, die Wärmezufuhr drosseln und die Leber von beiden Seiten je etwa 4 Minuten garen.

Während dieser Garzeit bereitet man die kleine Pfanne vor und erhitzt die Butter.

Dann kommen die Apfelschnitten und Zwiebelringe hinein.
Man lässt sie bei kleiner Hitze und gelegentlichem Wenden schmoren.
Bei guter Zeiteinteilung ist diese Beilage zusammen mit der Leber fertig.
Die Garzeit richtet sich nach der Dicke der Scheiben. Das Bratgut soll gut gebräunt sein. Auf keinen Fall aber solange braten bis die Leber zu dunkel wird. Sie beginnt zu schrumpfen und wird zäh.
Lieber vorher ein Stück herausnehmen, durchschneiden und prüfen, ob sie schon durchgebraten oder innen noch blutig ist.
Nachbraten ist kein Problem.
Erst *nach* dem Braten die Leber mit Salz und Pfeffer würzen.

HINWEIS:
Leber schmeckt gut zu Kartoffelbrei u.a. Kartoffelgerichten, aber auch kalt als Brotbelag.

Rezept 25
Rindersteak

Notwendige Küchengeräte:
Bratpfanne, Bratenwender oder Grillzange, Spritzschutz (soweit vorhanden) oder passender Deckel

Zutaten:
- Etwa 150 bis 200 g Rinderfilet oder Hüftfleisch
- Etwa 1 Esslöffel Öl oder Butterschmalz
- Gewürze: Salz, Pfeffer, ggf. Kräuterbutter o.ä.

Zubereitung:

Das Fleisch gut abspülen und trockentupfen.

Die Bratpfanne vorheizen, Bratfett erhitzen und das Steak von beiden Seiten je etwa 2 Minuten scharf anbraten. Die Wärmezufuhr gut drosseln und das Fleisch von beiden Seiten je 3-4 Minuten (abhängig von der Dicke des Steaks) langsam garen. Es ist sinnvoll, die Pfanne mit einem Deckel oder dem Spritzschutz abzudecken um die Wärme in der Pfanne zu halten. Das Steak darf nicht zu lange garen, weil es sonst fest u.U. zäh wird. Das Fleisch wird erst nach dem Braten gewürzt.

ACHTUNG!:

Nicht mit der Gabel o.ä. in das Steak stechen, da sonst der Saft austritt und das Fleisch zäh und trocken wird!!!

Auch hier gilt: Übung macht den Meister! Mit jedem Probieren geht es besser, und man bekommt das richtige Gefühl für die Bratzeiten.

Und wenn es mal nicht so wurde wie erhofft, ein zu stark durchgebratenes Steak schmeckt gut gewürzt auch gut.

HINWEIS:

Natürlich gibt es verschiedene Zubereitungsarten für Steaks. Ich habe hier die einfachste gewählt, denn ich will den einfachen Weg zeigen „Küche" zu lernen, d.h. sich selbst vielseitig versorgen zu können. Wer Spaß daran findet, wird sich später gern steigern und „richtig" kochen.

Fischige Köstlichkeiten

Allgemeines:

Zu weiteren Köstlichkeiten aus der Pfanne gehört natürlich auch das Braten von Fisch. Frischer Fisch vom Fischhändler, der auch kleine Mengen für eine Person verkauft, ist sehr gut, aber leider ist so ein Spezialgeschäft selten in der Nähe. Und Fisch sollte möglichst frisch zubereitet werden. Deshalb verwende ich gern Tiefkühlfisch, wenn er einzeln portionierbar, bratfertig, d.h. filetiert und die Packung wiederverschließbar ist: Die Fischauswahl ist da sehr groß.

Die Zubereitungshinweise stehen in der Regel auf der Packung. Das nachstehende Grundrezept für eine Person ist ein einfach zuzubereiten.

Rezept 26
Bratfisch, einfach

Notwendige Küchengeräte:
Pfanne, 2 Pfannenwender, 2 Teller

Zutaten:
- 150 -200 g Fisch (z.B. je nach Appetit 1-2 Seelachsfilets)
- 1 Zitrone
- 30 bis 50 g Butter
- Salz und Pfeffer zum Würzen
- Je nach Geschmack und Belieben frische oder getrocknete Kräuter

Zubereitung:

Tiefkühlfisch - soweit auf der Packung angegeben - auftauen lassen, dann weiterbehandeln wie frischen Fisch.
Den Fisch auf etwaige Gräten prüfen, gut abspülen und trocken tupfen. Anschließend den Fisch mit Zitronensaft beträufeln und mit Salz und Pfeffer würzen (beide Seiten).
Die Pfanne anheizen, die Butter schmelzen lassen und den Fisch darin von beiden Seiten bei mittlerer Hitze etwa 2 Minuten anbraten. Die Wärmezufuhr abschalten und den Fisch noch etwa 3 bis 4 Minuten in der Pfanne ruhen lassen. Um den Fisch warmzuhalten kann man während dieser Zeit einen Deckel auf die Pfanne legen.

HINWEIS:
Bratfisch schmeckt sehr gut zu Kartoffelbrei, aber auch zu Reis und Nudeln. Übriggebliebener abgekühlter Bratfisch eignet sich auch gut als Brotbelag (Resteverwertung).

Fleischlose Köstlichkeiten aus der Pfanne

Allgemeines:

Fleischlose Gerichte werden immer beliebter. Sie sind in der Pfanne schnell herzustellen und bieten sehr viele Gestaltungsmöglichkeiten. Der Phantasie sind hier keine Grenzen gesetzt. Auch hier wähle ich nur einige Beispiele für einfache, schnelle und schmackhafte Gerichte aus. Sie unterscheiden sich im Wesentlichen durch die Zutaten, der Zubereitungsweg ist in der Regel der gleiche:

- Notwendige Geräte bereitstellen,
- Zutaten zusammenstellen und vorbereiten,
- Pfanne anheizen und Bratfett erhitzen,
- Zutaten hineintun und nach Rezeptanweisung garen.

Unter den vorstehenden Rezepten sind bereits einige fleischfreie Pfannen-Gerichte angesprochen worden, z.B. Rezept 4 (Bratkartoffeln mit Spiegelei) und Rezept 15 (Nudeln mit Zucker und Zimt). Auch hier sind die Zutaten jeweils für eine Person angegeben!

Rezept 27
Rührei, einfach

Notwendige Küchengeräte:

Pfanne, hohes Gefäß für das Ei, Gabel oder Quirl, Esslöffel, Pfannenwender

Zutaten:

- 1- 2 Eier pro Portion (Je nach Appetit und Fassungsvermögen)
- 1 Esslöffel Milch oder Wasser pro Ei
- 1 Messerspitze voll Dillspitzen (frisch oder getrocknet)
- Etwa 10 - 15 g Butter
- Zum Würzen nach dem Braten: Salz und ggf. Pfeffer

Zubereitung:

Das Ei aufschlagen und in ein hohes Gefäß füllen, Milch/Wasser und Dill hinzufügen und mit Gabel oder Quirl gründlich verrühren bis alles sehr gut vermischt wird. Je besser das geschieht umso lockerer wird das Rührei. Wer hat, kann hier mit einem Stabmixer arbeiten.

Die Pfanne anheizen, die Butter schmelzen lassen, die Wärmezufuhr etwas drosseln und das Ei einfüllen. Sobald das Ei zu stocken beginnt kann man vorsichtig rühren, damit sich die Masse nicht ansetzen oder gar anbrennen kann. Das Rührei ist fertig, sobald die Masse insgesamt durchgegart ist. Je länger das Ei dann in der Pfanne brät, umso trockener wird es und fällt schnell zusammen. Den richtigen Zeitpunkt lernt man durch üben kennen.

TIPP:

Rührei schmeckt zu Brot, Bratkartoffeln, Nudeln und Reis. Man kann es nach dem Braten mit Salz, Pfeffer aber auch mit Schnittlauch und andern Kräutern würzen.

HINWEIS:

Von diesem Grundrezept kann man natürlich durch weitere Zutaten verschiedene Variationen herstellen, z.B.: Rührei mit Champignons oder anderen Pilzen, Rührei mit Bückling oder anderem Räucherfisch.

Rezept 28
Gemüsepfanne mit Kartoffeln

Notwendige Küchengeräte:
Pfanne, Pfannenwender, Teller

Kurze Info zu den Zutaten:

Dieses Rezept ist ein sehr einfaches Beispiel um schnell und mit wenig Aufwand aus verschiedenen Gemüsen eine schmackhafte Mahlzeit in der Pfanne herzustellen. Die Zutaten sind für eine Person berechnet.

Es ist schwierig so kleine Mengen an frischem Gemüse einzukaufen. Ich habe deshalb solche Arten ausgewählt, die im Gemüsefach auch einige Tage auf eine andere Verwendung warten können.

Ich bevorzuge portionierbares Tiefkühlgemüse, das der Handel anbietet. Dies hat den Vorteil, dass es erntefrisch und küchenfertig eingefroren ist und somit kaum zusätzliche Vorarbeiten erfordert. Meist muss es nicht einmal vorher aufgetaut werden.

Bei der Zusammenstellung der Gemüse sollte man die unterschiedlichen Garzeiten beachten und schnell garende Sorten später in die Pfanne geben. Deshalb ist es zweckmäßig das zerkleinerte Gemüse nach Sorten getrennt auf kleinen Tellern o.ä. bereitzustellen.

Zutaten:
- Etwa 200 g Kartoffeln
- Etwa 200 - 300 g Möhren, Zucchini, und Lauch
- 1 kleine Zwiebel
- 1 Esslöffel Öl
- Gewürze: Salz, Pfeffer
- Etwa 10 g Butter

Zubereitung:

Zunächst die Kartoffeln schälen, abspülen und in kleine Würfel (1-1 ½ cm) schneiden.

Anschließend Möhren putzen, abspülen und ebenfalls in kleine Würfel schneiden.

Zucchini abspülen und würfeln.

Vom Lauch nach dem Abspülen die äußeren angetrockneten Blätter entfernen, die Wurzelfläche abschneiden und die Stange bis zum Blattansatz in kleine Stücke schneiden.

Die Zwiebel schälen und in kleinere Stücke schneiden.

Nun ist es Zeit die Pfanne anzuheizen und das Öl zu erhitzen.

Zuerst die Zwiebeln leicht anschwitzen.

Dann Kartoffeln und Möhren bei mittlerer Hitze unter Umrühren einige Minuten braten.

Zucchini und Lauch hinzufügen. Das Ganze lässt man etwa 10 - 25 Minuten bei mittlerer Hitze unter gelegentlichem Rühren weiter schmoren bis der Pfanneninhalt gar ist.

Die Kartoffeln sollten weich sein.

Das Gemüse sollte noch bissfest sein und nicht zu weich.

Mit einem passenden Deckel kann man die Wärme und die Feuchtigkeit besser in der Pfanne halten und das Gemüse auf diese Weise noch nachdünsten.

HINWEIS:

Statt der rohen Kartoffeln kann man auch Kartoffeln vom Vortag nehmen. Dann verkürzt sich die Garzeit. Die **gekochten Kartoffeln** werden dann erst **am Schluss** dazu gegeben, da sie bereits gekocht sind.

Reis und Nudeln bilden anstelle von Kartoffeln ebenfalls eine gute Ergänzung zu Gemüse. Hier können auch Reste vom Vortag verwendet werden. Der Phantasie sind hier keine Grenzen gesetzt.

TIPP:

Es ist sinnvoll, die Gemüsepfanne nur mit Zutaten für eine Portion zu füllen, damit keine Reste bleiben. Denn einige Gemüsesorten wie beispielsweise frische Pilze oder Spinat sollten nicht erneut aufgekocht werden. Auch sollten sie nicht wieder eingefroren werden.

Damit möchte ich den Abschnitt „Kurzes aus der Pfanne" abschließen, denn es geht ja nur darum „Küche" zu lernen und sich in der Küche zurechtzufinden, um sich selbst zu versorgen.

Alle Rezepte sind bewusst einfach gehalten, damit das Nachkochen Erfolgserlebnisse bringen kann. Wer dann nach einiger Übung noch weitere Varianten und Raffinessen der Würzung ausprobieren möchte, findet in Kochbüchern, im Fernsehen und im Internet sehr viele Anregungen.

F Kleine, einfache Salate

Als Ergänzung zu einer Hauptmahlzeit oder als Vorspeise, wie in der mediterranen Küche, sind Salate sehr erfrischend. Ich stelle nachfolgend nur einige Beispiele vor, die gerade für eine Einzelperson nicht zu aufwendig sind und nur wenige Zutaten erfordern.

Rezept 29 a
Grüner Salat, süß

Notwendige Küchengeräte:
1 genügend große Schüssel, Salatbesteck (oder Löffel und Gabel), Sieb

Zutaten:
- 1 kleiner Salatkopf, (Eisbergsalat, grüner Salat, kleine Menge Schnittsalat etc.)
- 1 Zitrone,
- 1 Esslöffel Zucker
- ½ Bündchen frischen Dill oder ½ Teelöffel getrocknete Dillspitzen
- 1 Esslöffel Wasser

Zubereitung:
In der Regel sind Salatköpfe für eine Portion zu groß. Der Salat wird zuerst geprüft. Welke Blätter werden entfernt, ebenso unschöne Stellen im Blatt oder Verunreinigungen. Dann nimmt man vom Salat nur so viel ab, wie man essen möchte. Den Rest verstaut man sofort in einem Frischhaltebeutel im Gemüsefach des Kühlschranks.
Der Salat wird im Sieb gründlich abgespült, trocken geschüttelt und mit Küchenpapier vorsichtig trocken getupft. Nun teilt man

den Salat vorsichtig in mundgerechte Stücke (zerreißen nicht zerschneiden) und gibt sie in die Salatschüssel.

Der frische Dill wird abgespült, trocken getupft, fein gerupft und über den Salat gestreut. Bei den getrockneten Dillspitzen entfällt das Abspülen. Den Saft einer halben Zitrone (evtl. auch mehr) vermischt man mit dem Wasser, gießt die Flüssigkeit auf den Salat und streut den Zucker darüber. Nun wird alles mit dem Salatbesteck gründlich durchgemischt und falls nötig nach gewürzt. Fertig ist der Salat.

Rezept 29 b
Grüner Salat, herzhaft

Zutaten:

- 1 kleiner Salatkopf
- ½ Esslöffel Essig
- 1 Teelöffel Öl
- 1 kleines Bündchen Schnittlauch oder
- 1 kleine Zwiebel
- 1 Prise Salz
- 1 Prise Pfeffer (am besten aus der Pfeffermühle)
- 1EL Wasser

Zubereitung:

Grundsätzlich so wie in Rezept 29 a. Man kann Essig, Öl und Gewürze in einem kleinen Gefäß extra anrühren, über den Salat gießen und dann alles gut durchmengen.

Eine kleine Randnotiz zum Rezept

Die Würzarten gerade des grünen Salates sind landschaftlich unterschiedlich. Das fiel mir schon sehr früh auf. Anfang des Zweiten Weltkrieges wurden Einwohner aus dem Saarland in den Harz evakuiert.

Eine junge Frau, die in Opas Haushalt aushalf, stellte einmal entsetzt fest: „Die Leute hier essen ja den Salat süß, nicht einmal der Hund mag das, habe ich probiert."

Er hätte aber auch den herzhaften Salat nicht gefressen.

So unterschiedlich sind die landschaftlichen Essgewohnheiten.

Rezept 30
Gurkensalat

Notwendige Küchengeräte:
Salatbesteck, Gurkenhobel (ersatzweise Raspel), Salatschüssel

Zutaten:
- 1 Salatgurke
- 1 Teelöffel Zitronensaft oder Essig
- ½ Teelöffel getrocknete Dillspitzen oder 1-2 Stängel frischer Dill (feingehackt)
- 1 Prise Zucker
- Gewürze: Salz, Pfeffer (möglichst aus der Mühle)

Zubereitung:
Salatgurke und frischen Dill abspülen und trocken tupfen. Den frischen Dill feinhacken und beiseite stellen. Von der Gurke (von der Spitze her) nur so viel abschälen, wie man essen möchte. Dieses Gurkenstück in möglichst dünnen Scheiben in die Salatschüssel hobeln und anschließend *vorsichtig* mit Salz, Pfeffer, einer Prise Zucker und dem Dill (feingehacktem frischen Dill oder getrockneten Dillspitzen) bestreuen, Zitronensaft (oder Essig) hinzufügen und alles mit dem Salatbesteck gut durchmengen. Es ist sinnvoll, zuerst vor allem mit dem Pfeffer sparsam zu sein. Nachwürzen kann man leichter als ein Zuviel neutralisieren. Dann lässt man den Salat einige Zeit durchziehen, schmeckt danach ab und würzt nach - soweit erforderlich.

TIPP:
Anstelle von Zitronensaft oder Essig kann man den Gurkensalat auch mit 1-2 Esslöffel Joghurt herstellen.

Rezept 31
Tomatensalat, einfach

Zutaten:

- 1 mittelgroße Tomate
- 1 kleine Schalotte oder Zwiebel oder -wenn vorhanden- Schnittlauch
- 1 Teelöffel Öl
- ½ Teelöffel Essig oder Zitronensaft
- Salz, Pfeffer (am besten aus der Mühle)
- Eine Prise Zucker

Zubereitung:

Die Tomate gut waschen und abtrocknen (Küchenpapier), und halbieren. Den festen Stängelansatz heraustrennen und den Rest zunächst in Spalten schneiden, diese in mundgerechte Stücke teilen und in die Salatschale geben.

Die Zwiebel schälen, fein hacken und über die Tomatenstücke streuen. Schnittlauch abspülen, trocken tupfen und in kleine Röllchen schneiden

Nun Öl, Essig, Salz, Pfeffer und Zucker dazu geben (zuerst mit den Gewürzen vorsichtig sein), das ganze gut vermischen, eine Weile ruhen lassen und abschmecken. Wenn nötig nachwürzen.

Damit beende ich den Abschnitt Salate. Ich habe bewusst nur diese drei einfachen Rezepte ausgewählt, weil diese Salate - auch für nur eine Portion - schnell und einfach herzustellen sind und keine außergewöhnlichen Zutaten benötigen. Schließlich geht es hier nicht um große Kochkunstwerke, sondern um die Zubereitung einfacher und schmackhafter, kleiner Salate. Ich gebe gerne zu, dass auch ich für die Zubereitung eines Gerichtes nicht gern stundenlang in der Küche stehe. Es sei denn, es macht Spaß etwas auszuprobieren oder ich erwarte Gäste.

G Suppen und Eintopfgerichte

Zu diesem Themenkreis habe ich keine weiteren Rezepte zusammengestellt, weil die Zubereitung von Suppen oder Eintöpfen für eine Einzelportion in der Regel zu aufwendig ist und der „Materialeinsatz" an Zutaten und Gewürzen im Verhältnis zu teuer wird. Die benötigten Kleinmengen - besonders an frischen Zutaten - bekommt man kaum. Im Übrigen könnte man über Eintöpfe und ihre Vielfalt unzählige Rezepte mit Variationen zusammenstellen, doch das würde den Rahmen dieser „Erste-Hilfe-Schrift" sprengen.

Suppen sind Flüssigkeiten (Fleischbrühe, Gemüsebrühe usw.) mit Einlagen, die für viele nicht als echte Mahlzeiten gelten, eher als Vorspeise oder kleiner Imbiss. So gibt es Fertigsuppen aus dem Beutel, die schnell nach der Packungsanweisung zubereitet werden können.

Eintöpfe sind die Gerichte, bei denen mehrere nahrhafte Zutaten in *einem* Topf (daher der Name) mit weniger Flüssigkeit zusammen gekocht werden, z.B. Kartoffeln mit Gemüse, Hülsenfrüchte u.a. mit oder ohne Fleisch. In größeren Mengen zubereitet schmecken sie am besten. Ich denke hier z.B. an die Erbsensuppe aus der „Gulaschkanone" aber auch an den schmackhaften Gemüseeintopf, der im großen Familientopf zubereitet wurde. Dabei können die Gewürze sich wesentlich besser entfalten und dem Gericht die besondere, individuelle Note geben.
Wer also richtig Eintopf kochen möchte, kann sich nach den normalen Kochrezepten richten und die „Überproduktion" portioniert als Vorrat einfrieren.
Wenn man es aber doch einmal in kleinerer Menge probieren möchte, kann man das **Rezept 28** („Gemüsepfanne") zugrunde legen.

Rezept 32
Gemüseeintopf, einfach

Notwendige Küchengeräte:
Kochtopf, Kochlöffel

Zutaten:
- Etwa 200 g Kartoffeln
- Etwa 200 - 300 g Möhren, Zucchini, und Lauch.
- 1 kleine Zwiebel
- 1 Esslöffel Öl
- 1 Teelöffel Mehl
- Gewürze: Salz, Pfeffer
- Etwa ½ L heißes Wasser
- Etwa 10 g Butter

Zubereitung:
Wie im o.a. Rezept 27 vom Vorbereiten des Gemüses bis zum Schneiden. Die Würfel sollten etwas größer sein (etwa 2 - 2 ½ cm).

Das Öl wird im Kochtopf erhitzt, die Zwiebeln leicht darin ange-schwitzt und dann die Kartoffel- und Möhrenwürfel hinzugefügt und unter Rühren einigen Minuten geschmort. Schließlich wer-den Zucchini und Lauch hinzugefügt. Das Ganze wird mit dem Mehl eingestäubt.

Inzwischen wird das Wasser in einem Extragefäß oder einem Wasserkocher bis zum Kochen aufgeheizt, zu dem Gemüse gege-ben und umgerührt. Sobald die Suppe kocht, die Wärmezufuhr drosseln und alles etwa 15 Minuten weiterköcheln bis Kartoffeln und Möhren gar sind. Nun ist es Zeit abzuschmecken. Vorsicht! Heiß! Zum Schluss fügt man zur Geschmacksverfeinerung noch die Butter hinzu. Guten Appetit!

H   Meine schnellen Desserts

Rezept 33
Verschiedene Quarkspeisen mit Früchten

Notwendige Küchengeräte:
Schüssel, Rührlöffel, ggf. Schneebesen

Grund-Zutaten (für zwei Personen/Tage):
- 250 g Speisequark, je nach Wunsch mager, cremig oder vollfett
- ½ Päckchen Vanillezucker
- Zucker oder Süßstoff nach Geschmack
- Milch (Kaffeesahne), Obstsaft oder Wasser nach Bedarf
- Zusätzliche Zutaten, siehe nachstehend

Der Quark kommt in eine nicht zu kleine Schüssel, damit man gut mit Schneebesen oder Rührlöffel arbeiten kann.

Dann die jeweiligen Zutaten nacheinander einrühren, zwischendurch abschmecken und mit so viel Flüssigkeit ergänzen, dass die Speise cremig wird und sich gut löffeln lässt.

Zusätzliche Zutaten zufügen, z.B.:

- **Obstkonfitüre** etwa 3 bis 4 Teelöffel
Obstkonfitüre mit kräftigem Geschmack wählen, z.B. Aprikosen-, Kirsch- oder Orangenkonfitüre, Himbeergelee und andere Marmeladen sofort unter den Quark mengen.

- **Eingezuckerte Früchte**, wie Erdbeeren, Himbeeren o.ä. 2-3 Esslöffel

Von eingezuckerten Erdbeeren und anderen saftziehenden Früchten zunächst den Saft und die anderen Zutaten einrühren und zuletzt die Früchte unterheben.
Andere frische Früchte, wenn nötig zerkleinern und am Schluss einfügen, ggf. nachwürzen.

- **Konservierte Früchte** aus Dose oder Glas
Konservierte Früchte über ein Sieb abtropfen lassen, ggf. zerkleinern und zunächst den Saft verwenden. Früchte zuletzt unterheben (s.o.).

- **Obstsirup** 1-2 Esslöffel, z.B. Himbeersirup
Da der Sirup bereits gesüßt ist, wird der Zucker aus dem Grundrezept weggelassen und nur mit Milch oder Wasser der Quark cremig gerührt.

Diese Rezepturen sind für alle gedacht, die auf Alkohol verzichten wollen oder müssen, aber eine gesunde Nachspeise zu schätzen wissen. Für die anspruchsvolleren „Genießer", die nicht auf den zusätzlichen „Kick" verzichten wollen und anschließend nicht Autofahren müssen, folgen nun die „Tipsydesserts".

Rezept 34
Beschwipste Quarkspeisen

Grund-Zutaten und Zubereitung
wie in Rezept 33 beschrieben

A Quark mit Mandarinorangen und Schuss
- 1 kleine Dose Mandarinorangen
- Etwa 1 Likörglas Orangenlikör

B Quark mit Kirschkonfitüre und Schuss
- Kirschkonfitüre
- Edelkirschlikör und ein Spritzer Kirschwasser

C Schokoquark mit Schuß
- Schokoladen-Dessertsoße oder Trinkschokoladenpulver
- Etwa 1 Teelöffel Rum
- Als Ergänzungsflüssigkeit am besten Milch

D Quark mit beschwipsten Sultaninen
- In Rum, Malaga oder Sherry eingelegte Sultaninen, die mindestens 14 Tage durchgezogen sind
- Ergänzungsflüssigkeit etwas Rum, Malaga oder Sherry und Milch

E Himbeerquark mit Schuß
- Himbeergelee
- Etwas Himbeersaft
- Himbeergeist

F Birnenquark mit Schuß
- Williamsbirne, klein geschnitten (evtl. vorher in etwas Birnengeist mariniert)
- Birnengeist

So, das war eine kleine Auswahl zum Ausprobieren als Grundlage. Natürlich gibt es noch viele Variationen. Der Phantasie sind da keine Grenzen gesetzt, weder in der Auswahl der Zutaten noch in der geschmacklichen Gestaltung. Guten Appetit.

I Zum Abschluss ein einfacher Kuchen

Rezept 35
Tassenkuchen

Notwendige Küchengeräte:
Schüssel, Rührlöffel, Backpapier, Teigschaber, Löffel, großes Messer, 1-2 Tassen, Tortenform Ø 24 cm

Zutaten:
- 1 Tasse Mehl
- 1 Tasse Gries, zweckmäßig Weichweizengries
- 1 Tasse Zucker
- 1 Tasse Milch
- 1 Ei
- 50 g Butter oder Margarine
- 1 Backpulver

Vorbereitungen:
Tortenform Ø 24 cm, Backpapier, Teigschaber, Löffel und großes Messer bereitlegen. Eine oder mehrere gleichgroße Tassen (empfehlenswert Kaffeebechergröße = etwa ¼ Liter Inhalt für die 24er Tortenform).
Den Boden der Tortenform an einzelnen Punkten etwas fetten dann mit zugeschnittenem Backpapier auslegen. ACHTUNG! Bei Springform den Rand nicht fetten.
Zutaten bereitstellen.

Zubereitung:
Sämtliche Zutaten in die Rührschüssel der Küchenmaschine oder eine andere geeignete Schüssel geben und etwa 3 Minuten auf höchster Stufe durchrühren oder beim Handrühren mindestens 5 Minuten.

Die Teigmasse in die vorbereitete Tortenform einfüllen und so-
weit erforderlich glattstreichen und bei mäßiger Hitze backen.
(Umluft: 140 Grad, etwa 25 - 35 Minuten)
Nach dem Erkalten den Boden aus der Form nehmen. Bei einer
Springform vorher den Rand mit dem Messer lösen. Die Torte in
zwei Böden teilen.
Den unteren Boden mit Marmelade bestreichen und darüber
eine Schicht Pudding füllen.
Dann das andere Bodenteil darauflegen und mit Guss versehen.

Füllung:
Für die Füllung eignen sich: Erdbeer-, Kirsch-, Aprikosen-, Him-
beer- und andere Marmeladen. Als Pudding Vanille-, Zitronen-,
Schokoladen- und andere zur Marmelade passende Puddingsor-
ten.

Guss:
Für einen Zucker-Guss etwa 75 g gesiebten Puderzucker mit etwas Rum anrühren bis er gut streichfähig ist. Statt Rum kann man
je nach Art der Füllung auch Zitronensaft wählen.
Man kann die Torte auch mit Schokoladen-Guss z.B. aus Kuver-
türe nach Packungsanweisung bereiten und bestreichen. Zusätzlich kann die Torte noch mit verziert werden, z.B. mit Früchten
oder bunten Zuckerstreuseln o.ä., die in der Backabteilung er-
hältlich sind.

*So, dann viel Spaß beim Backen !!!!! Den Kuchen kann man ein-
frieren, muss ihn aber langsam auftauen lassen.*

Nachwort

Dieser kleine Wegweiser in das unentdeckte Gebiet „Küche" hat seinen Zweck dann erfüllt, wenn es nach dem „Studium" und den „praktischen Übungen" gelingt, sich in diesem bisher unbekannten Bereich zurechtzufinden.

Wer darüber hinaus auch noch Spaß an der Zubereitung kleiner Mahlzeiten bekommen hat, wird in Zukunft weiter dabei bleiben und gelegentlich auch Freunde zum Essen einladen.

Es ist doch immer wieder ein Erlebnis, wenn man wieder einmal eine Speise selbst und zur eigenen Zufriedenheit hergestellt hat und das sogar ohne fremde Zusatzstoffe.

Und wie erhebend ist dann erst das Gefühl von den Gästen zu hören: „Es hat gut geschmeckt."

In diesem Sinne „Weiter so!!!"